LE MAVSOLEE ROYAL, OV ELOGE FVNEBRE DE LOVIS LE IVSTE.

CONTENANT

Sa Naiſſance, ſon Education, ſon Regne, ſes Conqueſtes, ſon Decés, & ſes honneurs Funebres.

A PARIS,
Chez CARDIN BESONGNE, au Palais, à l'entrée de la gallerie des priſonniers, aux Roſes vermeilles.
M. DC. XXXXIII.

A TRES HAVT ET TRES-PVISSANT PRINCE

MONSEIGNEVR

FEDERIC MAVRICE

DE LA TOVR, DVC DE BOVILLON,

Prince Souuerain de Sedan, &c.

ONSEIGNEVR,

On ne s'estonnera pas que i'offre à vostre Excellence l'image d'vn Roy couuert de Lauriers, aussi bien que de Cyprés, si l'on considere que vostre Maison est si interessée dans la gloire de cette Monarchie, que vos predecesseurs ont esté nommez les bras & les cœurs de nos Princes: & qu'vn Souuerain peut dignement receuoir le tableau du premier Souuerain du monde. Et puis les hauts exploicts de vostre vie, meritent vne mention honorable parmi les conquestes de LOVIS LE IVSTE, *& l'Eloge de ce Conquerant ne sçauroit mieux paraistre que sous le nom de celuy qui a fait* aquise aux Pais-bas, que l'espée de BOVILLON n'est pas moins fatale à la conseruation des Estats que celle D'ORANGE, & que vous estes aussi bien l'imitateur que le Filleul des MAVRICES. Enfin, la Prouince où ie suis né, & où vous auez la premiere Vicomté de cet Estat, ayant eu l'honneur de vous posseder quelque temps, veut que ie m'acquitte de ses reconnoissances enuers vous, & que ie rende des hommages d'esprit à vn Prince qui parmy l'horreur des armes a tousiours protegé les belles lettres: & accordé en sa personne vne haute Politique, auec vne generosité digne des Cesars. Mais le motif le plus particulier qui m'oblige à vous dédier ce Mausolée, c'est pour apprendre à tous les peuples que LOVIS LE IVSTE est mort vostre amy, quelque inimitié qu'on eust tasché de luy faire conceuoir contre vous, & qu'il auoit enfin reconnu qu'en suiuant les droicts de l'amitié, vous n'auiez iamais eu dessein d'abandonner ceux de sa Couronne. Vous en donnastes vne preuue assez autentique, lors que vous refusastes les offres que l'Empire vous fit, pour ne vous tenir qu'aux interests de la France. Ce sont des veritez hardies, MONSEIGNEVR, mais elles sont trop auantageuses à l'Estat pour estre dissimulees, & i'ay trop de zele pour la grandeur de vostre Maison, pour ne pas dire hautement de quelle passion ie suis,

DE VOSTRE EXCELLENCE,

Le tres-humble, tres-obeyssant, & tres-fidele seruiteur,
CHATEAVNIERES D'ALLEGRAIN.

LE MAVSOLEE ROYAL, OV ELOGE FVNEBRE DE LOVYS LE IVSTE XIII. DV NOM, Roy de France & de Nauarre.

CE n'eſt que dans la France, que les Rois ſont proprement Rois, mais il ne laiſſent pas de mourir comme les autres, & vous diriez que les plus grands donnent de l'enuie à l'Eternité contre le temps, pour ne luy pas laiſſer poſſeder longues années des ſujets qui ſont plus dignes du Ciel que de la terre. Enfin tout releue de la fatalité, & ceux dont nos vies dependent auec tous nos autres biẽs ſont dépendãts de la mort. Il eſt vray que cét Eſtat à ſujet de ſe conſoler ſur le decés de ſes ſouuerains, pour ce que leur Couronne ſubſiſte tousjours, & que ce n'eſt pas la royauté qui meurt, ce ſont les perſonnes. Et puis comme Henry le Grand nous adoucit les regrets de ſon abſence par la preſence de Louys le Iuſte, qui ſucceda à ſa

Charge aussi bien qu'à ses vertus, LOVYS XIII. semble regner encor' en LOVYS XIV. digne fils d'vn si glorieux Pere. Ce n'est pas à dire qu'il ne nous faille déplorer la perte d'vn Prince, qui n'est mort dãs la vigueur d'vne parfaite virilité que pour ce qu'il immoloit sa vie à la gloire de ce Royaume: & qui ne souffroit les fatigues d'vne guerre laborieuse que dans le dessein de nous donner vne haute paix. Au contraire l'Eclipse de ce grand Soleil nous doit estre d'autant plus sensible qu'il nous faict voir dans les ombrages du deuil vn Roy qui commence à regner dans les pleurs, & vne Reyne qui ne sçauroit auoir de plaisir de se voir Regente, dans le malheur qu'elle a de se voir veufue d'vn des meilleurs Monarques de tous les siecles. Nos larmes pourtant ne doiuent pas empescher nostre deuoir, & puis que la pieté où LOVYS LE IVSTE à vécu & où il est mort, nous persuade qu'il n'a pas quitté sa Couronne, mais changé seulemẽt vne chose perissable à vn Diademe immortel; il faut que nous songions à son bon-heur ainsi qu'à nostre infortune. Et puis son regne ayant tousjours faict fleurir les belles Lettres méme parmy l'horreur des armes, nous deuons rendre hommage à sa memoire aussi bien qu'à sa personne, & nous seruir de l'auantage que Dieu a donné à nostre Genie, qui est de faire viure les Grands apres leur trépas par vne Magie innocente. Ie veux donc faire icy vn abregé de la vie d'vn Prince qui s'est acquis vne gloire infinie par ses actions, & mettre pour ainsi dire tout le

Ciel dans vn poinct. La France m'excusera assez facilement de ma brieueté, si elle considere que la douleur est peu éloquente, & que toutes les Prouinces de l'Europe sont des Liures qui parlent plus auãtageusement à l'honneur de LOVYS LE IVSTE, que tous les Ouurages des Escriuains. Apres tout il faudroit des Cesars pour loüer dignement des souuerains.

HENRY LE GRAND ayant espousé l'an 1600. Marie de Medicis, pour remplir la France de bon-heur, apres l'auoir remplie du renom de ses cõquestes, le 27. Septembre de l'ãnee suiuãte, LOVIS naquist de ce mariage, & sembla commencer vn nouueau siecle dont il deuoit faire toute la gloire. On dit qu'vn tremblement de terre preceda sa naissance de quelques iours, comme si elle eut eu quelque ressentiment de la terreur qu'il deuoit donner à tous les peuples ennemis de sa Couronne, ou qu'elle eut voulu monstrer que si elle auoit des remuements elle les verroit cesser par l'entremise d'vn Prince, qui ne viuroit dans vne inquietude glorieuse que pour donner vn parfaict repos à toute l'Europe. Henry estant entré dans la Chambre de la Reyne, apres la Naissance du Dauphin, luy mit son espée dans la main, en faisant des vœux au Ciel qu'il peust l'employer pour la gloire de Dieu, à la defence de la Couronne, & au bien de son peuple. C'est à tort qu'on loüe les Empereurs d'auoir rampé parmy les boucliers, LOVYS LE IVSTE est né parmy les épees, & a veu sans frayeur dans le Berceau cét éclat redoutable qui fait trembler quelquefois les autres Princes iusques dãs l'âge viril. Tout le Royaume sembla receuoir vne nouuelle vie auec cét Enfant, Rome en felicita Paris, & reconnut alors que la dissolution du mariage d'auec la Reyne Marguerite auoit esté bien legitime, veu qu'il auoit beny si auantageusement l'vnion du Roy auec vne autre Princesse. Tous les autres Estats de la Chrestienté enuoyent faire leurs coniouïssances à leurs Majestez, & l'Espagne prepare desja vne Infante incomparable à ce jeune Heros qui commençant à peine à viure, commence à donner des marques d'vn naturel digne de tous les Empires de l'vniuers. Il a vne Majesté naturelle aussi bien qu'hereditaire, & dans vn petit corps il monstre toute la grãdeur des HENRYS, la prudence des Pepins, la saincteté des LOVYS, & la vaillance des Charlemaignes. La Prouince de Daufiné, cõme plus interessée que les autres dans la gloire de ce jeune Prince, qui commence à la gouuerner, auant que de gouuerner tout l'Estat, le fit complimenter l'an mil six cens deux, & ses députés ayant porté vn riche present à LOVYS en remporterent chacun vn de la main de HENRY LE GRAND. Tant il est vray que c'est estre magnifique enuers soy-mesme que d'estre liberal enuers les Princes; ils sont comme le Ciel qui ne reçoit point de vapeur sans nous renuoyer vne pluye ou vne rosée.

La mesme année les Ambassadeurs des Ligues des Suisses estants venus renoueler le serment de leur

leur alliance, furent salüer le Dauphin à sainct Germain en Laye, qui leur toucha dans la main, & leur fit dés lors reconnoistre qu'il n'estoit né de HENRY LE GRAND, que pour faire vn iour de plus grãdes choses que son Pere. Aussi est-il vray que Souuré son Gouuerneur l'éleuoit auec vn soing digne du fils d'vn tel Monarque, quoy qu'à la verite l'industrie n'eust pas beaucoup de peine à former le Genie d'vn Prince, qui sembloit tenir toutes sortes de perfections de la nature. Il donna d'abord des preuues de sa generosité, lors que le Connestable de Castille ayant passé par la France l'an mil six cens quatre, pour aller aux païs bas, & ayant demandé l'honneur de voir le Dauphin apres auoir fait la reuerence à sa Majesté, ce jeune Lyon qui sembloit né pour mettre en fuitte ceux de Castille, ayant appris que c'estoient des Espagnols, qui venoient le salüer, demanda soudain son espée, comme s'il eust songé à leur faire la guerre, mesme durant les plus doux complimẽts de paix. Aussi a-t'il fait voir depuis à la maison d'Autriche, qu'il n'en aymoit que cette Princesse, qu'il a épousée, & qui est vn Lys né des épines, c'est à dire, vne Reyne tres-affectionnée pour la France qui a receu la vie dans le païs de ses ennemis. Il est vray que ce n'est pas le sãg des Rois d'Espagne qui nous est aduersaire, c'est le Conseil de leurs Ministres. L'an mil six cens six le quatorziéme Septembre le Dauphin fut baptisé à Fontaine-bleau au nom du Pape Paul V. & tenu par le Cardinal de Ioyeuse, qui eut l'honneur de porter entre ses mains ce fils aisné de l'Eglise, & de mettre parmy les Enfans de Dieu, l'heritier du plus grand Prince de la terre. Il fût nommé LOVYS par vn presage asseuré de sa saincteté future, puis qu'il ne deuoit pas moins tenir des mœurs que du sang de ce Grãd Monarque, qui a maintenu nostre Cour dãs la saincteté, & la saincteté dans nostre Cour. De representer icy la magnificence des ceremonies qui se firent en cette occasion, ce seroit égayer vn discours qui ne doit estre à present que lugubre. I'adjousteray seulement qu'vn peu deuant ce bâptéme auguste, il parut le soir des lumieres extraordinaires en l'air qui marquoiẽt sans doute par auãce l'esclat de ce Soleil, qui n'estoit encor qu'en son Orient; & ces chars de feu qu'on vit s'entrebattre, n'estoient que des signes illustres, des victoires de ce Prince, pour qui le Ciel à tousjours combattu cõme la terre l'a reconnu pour son Conquerant vniuersel.

L'an 1607. la Reyne ayant accouché à Fontainebleau d'vn secõd fils, en eut encore vn troisiéme l'an suiuant, ce qui ne donna pas peu de consolation aux François voyãt la maison Royale appuyée sur vn triple fleuron de la Couronne. Mais le malheur qui suruint au mois de May 1610. par la mort violente de HENRY LE GRAND, altera toute la douceur de ces agreables éuenements, & l'on peut dire, que la France auroit tousjours esté sans remede si le Roy ne l'eust produit luy mesme auant que de perir en personne. C'est nostre LOVYS. Il n'est pas necessaire de r'ouurir icy la playe que tous les cœurs des François receurent quand celuy de HENRY fut blessé par vn monstre qui estoit né dans le plus doux climat de l'Europe ; Il suffit de remarquer que ce Prince ne souffrit pas tant la mort comme vn accident inopiné, que comme vne chose preueuë : car quelques iours deuant le Couronnement de la Reyne, il l'auoit traitée de Regente en vn compliment: & dit aux Gardes au sujet du Dauphin, *Voici vostre Roy* Nous l'auōs receu d'vne si bōne main, mais enfin il nous l'a fallu rendre au tombeau; Mais n'interrōpons pas encor le cours de sa vie par vn recit funeste de mort. Paris qui du triomphe auoit passé à vn deuil extréme passa biē-tôt du deuil à vn triomphe agreable, lors qu'il oüit crier presque à mesme temps, HENRY est mort, & Viue LOVYS. Les Gardes s'assemblerent toutes au Louure, pour prester le Serment à ce nouueau Prince, qui commença de seoir sur le Thrône à l'âge de neuf ans, & fut receu de tous les Ordres du Royaume, auec toute la pompe qu'il pouuoit attendre de la grandeur de son Septre, & de la fidelité de ses subjets. Ce que nous auons veu faire pour le fils, se fit alors en faueur du Pere. La Cour de Parlement qui a de tout temps eu l'honneur d'estre la tutrice des Roys mineurs, declara la Reyne mere Regente durant le bas âge de son fils, afin que la chere moitié de HENRY LE GRAND, gouuerna encor sous LOVYS LE IVSTE. Tous deux furent prendre seance au Palais, & donnerent ordre en suitte tant à l'entretien de l'vnion entre leurs subjets, qu'à la punition de ce ce parricide qui dans vne seule personne sembloit auoir mis toute la France au cercueil: La Sorbonne secondant en ce point le zele du Parlement fit des censures Autentiques contre ceux qui sous pretexte de parler contre les Tyrans portent des ames forcenées contre leurs Princes legitimes. Aussi auons nous gousté le fruit de ces soings illustres : car les François ont enfin veu mourir vn Roy dans son lit apres en auoir veu deux decedés d'vne mort violente.

On n'eut pas si tost rendu les derniers deuoirs à HENRY LE GRAND, que la Reyne Mere receut de rechef au nom de son fils les hõmages de tout le monde ? Et pour se monstrer d'abord digne de l'élection que le feu Roy auoit faite de sa personne, elle se resolut de poursuiure ses desseins, pour monstrer que la France auoit bien perdu vn de ses Chefs: mais non pas son cœur. Ainsi apres auoir dõné audience aux Ambassadeurs de tous les Estats de l'Europe, qui vinrent se condouloir auec elle de la mort de son époux, & r'appellé de Milan le Prince de Condé cõme vn des premiers appuis de l'Estat, Elle voulut employer les premieres armes de son fils pour le secours de ses alliez. Le Maréchal de la Chastre dõc fut au secours de Iuliers, dont il vit bien-tost la reddition, & mõstra en cette occasion qu'il n'y auoit point de force qui ne deût ceder enfin à l'intercession de la France. Sur la fin du mois de Septembre de l'an 1610. le Roy partit de Paris, pour s'aller faire sacrer à Rheims, & ce fut lors que la Saincte Ampoule

poule sembla paroistre plus Celeste, seruant à l'Onction d'vn Prince plus pieux que Clouis, comme il deuoit vn iour se monstrer plus genereux. Il receut encor la Confirmation dans la méme Ville, comme vn signe visible de la force vigoureuse qu'il deuoit tesmoigner pour maintenir la Religion & exterminer l'heresie; On le Couronna en suitte, & vous eussiez veu lors toute la Majesté des Cesars, & des Alexandres ramassée sur le front d'vn jeune Roy, & à le voir sur le thrône, le peuple eust esté pour l'adorer sans que ce Prince, par vne pieté qui deuançoit beaucoup son âge, s'humilioit d'autant plus deuant le Seigneur des Seigneurs, qu'il se voyoit plus eleué deuant ses subjets. Ie ne diray point icy auec quelle generosité il prit le Collier de l'Ordre, ny auec quelles tendresses de deuotion il receut la communion sous les deux especes, qui est vn priuilege donné à nos Roys, pour marquer leur puissãce toute Diuine, & faire voir à tous les peuples de l'vniuers que leur thrône & l'Autel semblent également sacrés.

Mais il faut accõpagner le Roy à Paris, & voir le plus grãd Monarque de l'vniuers sur le plus beau theâtre de l'Europe. De vouloir representer icy auec quelle pompe il fut accueilly des habitans, ce seroit ignorer que la passion que les Frãçois ont pour leur Monarque estant extréme ne peut estre comprise dans quelques lignes. On vit reparer en cette occasion en faueur de LOVIS LE IVSTE la faute des Barricades contre HENRY troisiesme, & l'on reconneut visiblement que ce ne sont pas les Parisiens qui choquent quelquefois les Princes : mais les factieux qui se coulent dãs leur ville. Sa Majesté voulant recompenser l'affection de ses sujets par vn soin plus particulier de leurs biens & de leur vie, fit vne declaration cõtre les Berlans aussi bien que cõtre les duels, afin que le sang & l'argent des François ne fust employé desormais que pour l'interest general de l'Estat, ou pour leur auantage particulier. L'année 1611. fut fatale par la mort du Duc d'Orleans, qui fut d'autant plus regreté que les Estats perdent tousjours des appuis en perdant des Princes : mais celle qui la suiuit fut heureuse par le traicté qui se fit du Mariage de LOVIS LE IVSTE auec ANNE D'AVSTRICHE, & de Madame Sœur du Roy auec le fils aisné du Roy d'Espagne, c'est à dire, des plus grands Princes de la terre, auec les plus grandes Princesses de tout le monde. La seule proposition de cette alliance fut suiuie de quantité de magnificences qui se firent à Paris, pour monstrer que si la mort de HENRY auoit causé vn extréme malheur à la France, le Mariage de son heritier luy causeroit vne parfaite felicité. Quelque temps apres le Duc de Mayenne fut enuoyé en Espaigne auec vn train superbe, pour en conclure le traicté, & porter à l'Infante des marques de l'affectiõ de son Maistre. Le Roy Catholique se promenant apres quelques iours de pompe, luy fit l'honneur de le faire marcher à son costé, ce qu'il n'auoit iamais permis à personne, deliura tous les prisonniers François, & commanda qu'on chommât desormais la feste de sainct

LOVIS, comme estāt l'ayeul d'vn Prince, qui trouueroit vne Blanche en son épouse, comme en luy elle trouueroit vn sainct LOVIS pour époux. Le Duc en suite d'vne negotiation si importante à cette Couronne ayant pris congé de sa Majesté Catholique, le Duc de Pastrane receut ordre de partir pour la France, affin de rendre ses hommages à sa nouuelle Princesse. Toutes nos villes témoignerent en cette occasions qu'elles sçauoient répondre aux ciuilitez de Madrit; & le Roy méme remercia le Roy Catholique de sa bonne volonté luy disant que la sienne seroit tousjours disposée à l'honorer comme son Pere, & à l'aymer cōme son frere. Enfin toute la France témoigna, & dans le sejour & dans le depart de ce grand Ambassadeur, que comme elle attendoit son bon-heur de l'Infante, elle luy rendoit par preuention tous les deuoirs dont elle pouuoit s'auiser en la personne de ceux qui venoient d'vne si bonne part.

Le cōmencement de l'an 1613. fut employé à quelques reiglements Politiques, la Regente ne songeāt pas moins au soulagement du peuple qu'à la grandeur de son fils; On fit defence de porter de l'argent sur les habits, & de faire sous demēt des assemblees; car delors les Huguenots minutoient ces funestes pratiques qui ont destruit leur Republique pretenduë par les mémes voyes qu'ils auoient prises pour la destruction de la plus parfaite Monarchie de l'vniuers. Les habitans de Nismes entr'autres ayant fait quelque soufleuement furent contraints de plier sous l'autorité Royalle, quoy qu'en cette occasion la Clemẽce s'accorda auec la Iustice dans vn tẽperament égal. Mais cette reuolution particuliere ne sembloit estre qu'vn presage des broüilleries generales, que l'an 1614. vit s'esclorre dans l'Estat. Les Princes s'estants retirez sur quelques mécontentements pour s'assembler en Champaigne auec des troupes, la Regẽte tascha de les remettre auprés du Roy, par des voyes amiables sans oublier les preparatifs de la force. Il se fit la dessus vne Conferẽce à Soissons pour les deux partis, où les Agents de la Reine accorderent adroitement l'Autorité du Roy auec la satisfaction des Princes. L'aiustemẽt pourtãt qui se fit pour lors en Champagne, ne seruit qu'à couurir plus seurement les remuëmẽts qui arriuerẽt en suite en Poitou, & en Bretaigne. Mais le Roy s'y estant acheminé auecque sa Mere, fit bien voir que le Soleil de la Majesté Royalle dissipe en vn moment tous les nuages qui s'éleuent dans vn Royaume. Enfin se voyant dans sa quatorzieme année, il se resolut de se faire declarer Majeur en la Cour de Parlement, ce qui fut fait auec les formalitez accoûtumées, & la Reyne témoigna qu'autant qu'elle auoit eu de plaisir à gouuerner pour son fils, elle auoit à l'heure de satisfaction de luy remettre le gouuernement entre les mains, en vn âge où la prudence de son iugement commençoit à seconder la vigueur de son esprit. On tint en suite les Estats generaux du Royaume où le Roy donna d'abord des preuues de la capacité qu'il auoit pour bien regner maintenant auec vne force égale

égale les droicts de l'Eglise, & ceux de l'Estat.

Mais comme le Ciel permet que les grands Princes ayent des affaires épineuses à manier; afin que leur addresse & leur bon-heur en éclattent dauantage; La Reine s'estant resoluë au voyage de Guyenne, pour le mariage du Roy, les Princes se retirerent derechef de la Cour, ou pource que les grands aprennent quelquefois les nouueautez autant que le peuple, ou pource que la France sembloit lors estre enuieuse du grand bien qu'elle alloit receuoir de l'Espagne. Ils armerent en suite pour empescher le voyage de sa Majesté, mais le Roy ayant fait leuer vne armée pour l'asseurer, sous la conduite du Mareschal de Bois-dauphin, & Monsieur de Bassompierre s'estant rangé auprés de luy auec quantité d'autres Seigneurs, pour se signaler par sa vaillance, autant que par ses hautes qualitez qui rauissoient toute la Cour, Bourdeaux fut choisi pour estre le lieu des mariages de France & d'Espagne, apres auoir esté le theatre fatal de tant de diuisions qui ont esté entre la France & l'Angleterre. Leurs Majestez s'y rendirent auec vne pompe qui faisoit regner toutes les douceurs de la paix, parmy les horreurs de la guerre. La Guyenne s'estima lors aussi glorieuse de voir LOVYS LE IVSTE que d'auoir produit & éleué HENRY LE GRAND.

Bourdeaux fist vne si pompeuse reception à sa Majesté par eau & par terre, que toutes les magnificences de l'Art & de la Nature sembloient ramassées en vne seule ville. Enfin le Duc de Guise ayant fiancé Madame pour le Prince d'Espagne, & l'eschange des Princesses se deuant faire sur la frontiere, le Duc de Luines fut enuoyé pour receuoir la Reine qui témoigna bien par l'acueil fauorable qu'elle luy fit, qu'elle estoit plutost née pour la France que pour l'Espagne. Le Roy luy fut au deuant, l'affection qu'il auoit pour vne si parfaite Princesse, luy donnant cette belle impatience ; Il la vid de son carrosse sans estre veu, & s'en retourna promptement luy mesme donner ordre à l'entrée qu'on luy deuoit faire, iugeant bien que pour honorer ANNE D'AVSTRICHE il falloit qu'vn Roy y contribuast de ses soins aussi bien que ses subjets. Le lendemain ils receurent la benediction nuptiale, le mariage ayant esté cy-deuant fait par Procureurs, & lors cet Estat conceut vne esperance certaine de voir quelque iour vn fruict auguste d'vne alliance si illustre. Il est vray qu'il a esté fort attendu, mais c'est que les grands biens suspendent d'ordinaire les esperances des hommes, & il falloit que la Nature trauaillast bien long-temps pour faire vn chef-d'œuure digne de passer pour l'image d'ANNE, aussi bien que de LOVYS. Leurs Majestez firent en suite leur entrée solemnelle dans la ville, où les Gascons témoignerent qu'ils ne sont pas moins propres pour les pompes de la paix, que pour les factions de la guerre.

Mais pendant qu'on faisoit ces réjoüissances en Guyenne, les Princes faisoient des soulevemens dans quelques autres Prouinces, qui souffrirent lors de grãdes desolations se trouuant éloignées de leur Soleil. Leurs Majestez partirent de Bourdeaux pour y donner ordre, & le Duc de Guise ayant esté fait general de l'armée Royale, fit d'abord reconnoistre aux grands que c'est chercher à se perdre que de s'en prendre au Souuerain. Neantmoins comme la paix est tousiours preferable au tumulte, sa Majesté estant à Poictiers entendit aux propositions qu'on luy fit pour quelque accommodement, & Loudun fut choisi pour l'Assemblée qui se deuoit faire sur ce sujet, & qui ayant reüssi auec autant de satisfaction pour les bons François, que de regret pour les factieux; Le Roy reuint à Paris, où il honora d'abord le sieur du Vair de la charge de Garde des Sceaux de France, montrant par là que la science seroit couronnée sous son regne, aussi bien que la valeur, & que dans la Cour d'vn Prince iuste, le merite doit estre en plus grand credit que la faueur. Les mécontens reuinrent en suite à la Cour, Mais Paris vid bien tost de nouueaux troubles que Peronne luy causa, non pas pour s'estre reuoltée contre le Roy, mais contre le seruice du Marquis d'Ancre.

La violence qu'on exerça en suite sur la personne de quelques Princes sur de fausses imputations, obligea le peuple de piller la maison de ceux qu'on en croyoit les premiers Autheurs; & cette année 1616. ayãt fait d'abord penser que la détention d'vn Prince donneroit vn puissant otage au repos de l'Estat, fit voir apres que c'estoit vne viue source de troubles. Les autres Princes se retirerent derechef, du Vair remit les Sceaux entre les mains du Roy, & des pourparlers de paix, on en vint aux armes.

Bref, la France alloit tomber dans vne combustion generale, si le Roy sur le commencement de l'an 1617 n'eust épargné la vie de ses subjets, par la mort d'vn Estranger, qui ne mettoit de la diuision dans la Maison Royale, que pour s'y authoriser, en éloignant tous ses appuis sous diuers pretextes. La punition que le Roy fit d'vn Ministre broüillon, seruit de satisfaction aux Princes qui vinrent témoigner à sa Majesté, qu'ils n'auoient pas armé contre son seruice, mais contre les tyrannies d'vn Fauorit. Vitry qui auoit esté le principal instrument d'vne execution si impprtante à l'Estat, & au Sceptre de son Maistre, receut en suite le baston de Mareschal de France, & par vn commencement si genereux on iugea de l'illustre suite de ses exploits. Quelque temps apres le Roy fit conuoquer vne Assemblée de Notables, pour regler parfaitement son Royaume, & asseurer par vn mesme moyen son authorité, & le bonheur de son peuple. Il n'oublia pas aussi l'interest de ses alliez, car le Roy d'Espagne pressant le Duc de Sauoye, le Roy luy fit entendre que les diuisions qu'on taschoit de leuer dans ses Estats, ne l'empescheroient iamais de songer à la protection de ses voisins. Et pour donner d'autant plus de confiance à ce Duc persecuté, sa Majesté agrea la recherche que fit le Prince de Piémont, de Madame Christine, seconde fille de France, & qui ne tient pas

moins

moins du sang que de la generosité de HENRY LE GRAND. L'an 1618. s'estant passé sans remuement, l'autre n'en fut pas exempt, les Bearnois s'estans souleuez contre vn Commissaire enuoyé par le Roy, mais comme nous verrons, leurs diuisions ne seruirent qu'à faire reünir leur Principauté à la Couronne. Quelque temps apres certains esprits mal intentionnez, ayans persuadé à la Reine Mere que sa liberté estoit vne vraye prison, cela luy donna sujet d'employer le Duc d'Espernon pour l'enleuer de Blois à Loches, & depuis à Engoulême, ce qui a esté vn funeste commencement de ces fatales reuolutions qui ont veu la meilleure Reine de l'Europe éloignée d'vn Fils qui veritablement estoit le meilleur Prince de l'Vniuers. Mais il y a des Genies qui ne trouuent leur auantage que dans le desauantage des Grands. Là dessus le Roy ayant fait armer contre le Duc d'Espernon, c'est ce qui obligea ce Seigneur, qui sçauoit bien que le Roy l'excuseroit tousiours, en consideration de la Reine sa Mere, de se fortifier de son costé, pour faire ralentir la cholere du Roy, en faisant vn peu durer sa cause. Ainsi il s'empara d'Vzerche, dont la situation a fait dire, que qui a maison dans Vzerche, a chasteau en Lymosin. Mais comme les habitans ont tousiours eu la reputation d'estre fideles à la Couronne, & qu'ayant tenu vn siege de trois ans contre les Anglois, ils ne pouuoient souffrir de se voir gourmandez par des François mal intentionnez; ce motif les obligea de mettre entre les

E

mains du Mareschal de Schomberg, vn lieu dont le Duc d'Espernon s'estoit saisi pour son party. Et comme ils ne vouloient deuoir leur affranchissement qu'à eux-mesmes, ils surprirent la garnison du Duc, la chasserent de la place, & firent reconnoistre qu'vn bon peuple ne doit point reconnoistre de Grands qui ne soient auoüez du Roy. La Reine Mere voyant que les broüilleries des Estats ne sçauroient iamais estre heureuses, & reconnoissant qu'on auoit eu tort de la mettre mal auec vn Fils qui ne respiroit que pour son contentement, suiuit facilement les Conseils du Cardinal de la Rochefoucault, qui par vn soin digne de sa maison & de sa charge, reconcilia leurs Majestez, & ce fut l'an 1619. qui vid le retour de la Reine Mere auprés du Roy, & la deliurance du Prince de Condé, qu'on auoit arresté pour la satisfaction d'vn Ministre, plutost que pour aucun dessein qu'il eust contre vne Couronne, dont il estoit le premier appuy.

Mais il sembloit que la fortune ne donnoit vn peu de contentement au Roy, que pour luy donner bien-tost vn nouueau sujet de patience. L'an 1620. vid naistre de nouueaux desordres par l'éloignement volontaire de la pluspart des Princes, qui suiuoient les mécontentemens de la Reine Mere, mais sa Majesté ayant entrepris le voyage de Normandie, asseura ce qui branloit dans son seruice, & rangea au deuoir par la clemence, ou par la force ceux qui s'en estoient escartez, ou pour l'amour d'vne nouueauté dangereuse, ou par vne complaisance criminelle. Vn abysme en attire vn autre dans la Politique, aussi bien que dans la Morale. Monsieur de Bassompierre eut commandement de s'opposer aux factions qui se formoient dans quelques autres Prouinces, où sa courtoisie n'agit pas moins efficacement pour le seruice du Roy que son courage Heroïque. Mais tout le faix des remuëmens alla tomber vers le Pont de Sé, où il y eut vn furieux combat, qui monstra qu'vn bon Roy est inuincible quand son pouuoir est secondé d'vn bon zele de ses subiets. LOVIS LE IVSTE reconnut en suite que la Reine sa mere estoit innocente de tous les troubles qu'on luy imputoit, & qu'ils ne prouenoient que de certains broüillons, qui estoiẽt bien aises de profiter du debris d'vne Monarchie, pensant trouuer leur auancement dans la ruine des autres. L'entreueüe de leurs Majestez se fit à Brissac, & elles ne se separerent que pource que le Roy ayant agi dans l'Anjou pour l'interest de l'Estat, vouloit aller agir en Guyenne pour celuy de la Religion. En effect, quelque opposition qu'on luy peust faire pour le detourner d'vn voyage si laborieux, il se resolut de hazarder son repos & sa santé pour asseurer le seruice du Roi des Rois. Ainsi sa Majesté s'estant acheminée vers Pau, ville alors remplie d'heretiques, refusa la pompe auec laquelle on la vouloit receuoir, disant qu'il n'estoit pas iuste qu'il fust receu solennellement où son maistre estoit mesprisé. Il fit donc rendre à l'Eglise les reuenus qu'on luy auoit ostés, aussi bien que les lieux que l'heresie profanoit, apres auoir esté consacrez par la Religion. On punit en suite quelques seditieux qui vouloient brouiller l'Estat, sous pretexte de conseruer la liberté de conscience, comme si la profession d'vne nouuelle creance, deuoit dispenser des subiets du deuoir enuers leur Souuerain. Là dessus l'Assemblée de la Rochelle s'estant tenuë sur le commencement de l'an 1621. le Roy se resolut de chastier l'insolence des Huguenots, & pour cet effect ayant enuoyé le Duc d'Espernon en Bearn, qui fit voir en cette occasion que le zele qu'il auoit pour l'Eglise secondoit tousiours ses intentions politiques; Sa Majesté fit le voyage de Poictou, s'asseura sur son chemin du Chasteau de Saumur, & de plusieurs importantes places, pour donner à entendre aux Huguenots, qu'il y a des partis ruineux qui ne s'establissent que pour tomber. Mais comme il y a des gens qui ne semblent faillir vne fois que pour choquer tousiours le deuoir, les heretiques s'estans declarez rebelles; le Conseil du Roy iugea qu'il falloit employer la force contre eux, les moyens amiables n'ayans seruy qu'à flatter leur felonnie. Ainsi sainct Iean d'Angely se void assiegé, c'est à dire pris, car au Roy faire vn dessein & l'executer c'est tout vne mesme chose. Sancerre est forcé en suite, Sully rendu, Nerac conquis, Caumont remis entre les mains de sa Majesté, Bergerac asseuré à la Couronne, Clerac emporté apres vne longue resistance; Bref tant de places sont entestees, qu'on peut dire que sa Majesté a conquesté son Royaume par sa valeur, apres l'auoir receu comme vn droict hereditaire. On mit en suite le siege deuant Montauban, dont l'issuë fut malheureuse, non pas par la foiblesse des armes du Roy, mais par la mauuaise conduite de quelques-vns de ses Officiers qui regardoient plus leurs interests particuliers que ceux de l'Estat. Mais peu de temps apres les prises de Monheurt, Royan, saincte Foy, Tonnein, Clerac, Negrepelisse, sainct Antonin, Montpellier, & la deffaite de l'armée de Soubise recompenserent auantageusement cette disgrace. Ces places furent forcées pour la plus part l'an 1622. & l'an suiuant le Roy fit le voyage de Prouence & du Daufiné, pour asseurer ces deux Prouinces en son seruice, dissipant par les rayons de sa Majesté tous les nuages des reuoltes. L'an 1624. il fit faire vne exacte recherche des Financiers qui succoient le sang du peuple, sous pretexte des affaires de l'Estat, & qui s'attachoient plus à l'agrandissement de leur maison, qu'au bien de la Couronne.

Le Lecteur sera aduerty qu'il y a vne transposition en cet endroit, & qu'au lieu de ce paragrafe le Roy ne, &c. il faut lire auparauant la page 22. qui commence, L'an 1625. & les 27. lignes de la page suiuante, iusqu'à ces mots, le Roy ayant, &c.

Le Roy ne pouruent pas moins à ses ports de mer qu'aux terres de ses alliez. Le Duc de Soubise continuant d'escumer l'Ocean à la faueur des vaisseaux de la Rochelle, le Duc de Montmorency eut ordre de s'opposer à ses desseins, ce qu'il fit auec tant de generosité qu'il defit la flote ennemie, & montra à toute la France que la valeur des Seigneurs de sa maison, sçauoit triompher d'vne égale force sur tous les Elemens où l'on peut combattre. Toiras se saisit en suite du fort sainct Martin dans l'Isle de Ré, & le Mareschal de Themine fust resserrer les Rochelois dans leur taniere, bornant à vn petit espace l'ambition de cette ville, qui croyoit pouuoir étendre sa domination par tous les climats de l'Vniuers. Ils obtinrent neantmoins la paix en l'année 1626. le Roy ayant témoigné qu'il ne leur vouloit pas faire la guerre pour les perdre, mais pour les sauuer dans leur deuoir. On fit aussi vn accommodement auecque les Espagnols au sujet de la Valteline, qui fit voir que les François ne cedent point en prudence non plus qu'en courage à leurs ennemis, & qu'ils n'ont pas moins de sagesse, quoy qu'ils n'ayent pas tant de fourberie. Cette mesme année vid la Iustice exemplaire que le Roy fit faire contre quelques Seigneurs, qui par des querelles particulieres versoient vn sang qui ne meritoit d'estre épanché que pour le bien d'vne Monarchie. Sa Majesté ne voulut point épargner ny leur condition ny leur naissance, pource que l'vne rendant les crimes plus specieux en aggrauoit l'énormité, & l'autre changeoit vne cholere genereuse en vne brutale fureur. Cette action de Iustice fut suiuie de quantité d'œuures de pieté que le Roy exerça pour gaigner le Iubilé, monstrãt par son exemple à ses subjets qu'il sçauoit aussi bien craindre Dieu, que se rendre redoutable à tous les hommes. Aussi le Ciel voyant que sa Majesté veilloit pour sa gloire, auoit pareillement les yeux ouuerts sur la protection de sa personne. Ainsi il permit qu'vne horrible conjuration qu'on auoit tramée contre sa vie & son Estat fut découuerte, ce qui obligea ce bon Prince de s'asseurer de la personne de quelques Grands qui ne se seruoient de sa faueur que pour agir contre son seruice, & d'immoler à vne iuste vengeance vn sujet qui ne l'approchoit que pour le trahir auec plus de seureté. La Bretagne fut le theatre d'vne Tragedie si funeste; & Blois vid aussi l'emprisonnement du Duc de Vendome, & du grand Prieur son frere, qui pourtant firent voir que leur innocence estoit encore plus grande que la malice de ceux qui auoient tasché de les rendre odieux à sa Majesté, pource que leur enuie leur faisoit apprehender la vertu heroïque de ces Princes. Au mois d'Aoust le Roy resolut le mariage de Monseigneur le Duc d'Orleans son Frere, auec Madamoiselle de Montpensier qui estant depuis morte au trauail de son accouchement eust laissé la France inconsolable, si vne fille qui luy ressemble parfaitement, ne nous faisoit croire qu'elle vit encor mesme apres sa mort.

L'an 1625. Soubise ayant ravagé quelques costes de Bretaigne, le Duc de Vendosme s'y opposa, & respondit par ses soins à la grandeur de sa charge, aussi bien que de sa naissance Royale. Sa Majesté tesmoigna vne extresme satisfaction de ses diligences, reprit Blauet, & fit reconnoistre aux Rochelois que la desolation qu'ils auoient causée dans vne autre Prouince, n'estoit qu'vn presage de la leur. Elle enuoya ensuite le Marquis de Cœuures dans la Valteline, pour la deliurer des Espagnols qui vouloient s'en faire vn pont pour le commerce de l'Italie & de l'Allemaigne. Tout fit joug d'abord aux armes Françoises, & le Serpent du Milanez qui croyoit deuorer vne liberté naissante, apprehenda d'estre deuoré luy-mesme. D'autre costé on enuoya vn secours extraordinaire aux Holandois, la France ayant tousiours eu la reputation, de pouuoir conter autant d'armées que de frontieres. On conclut depuis le mariage de Madame Henriette Marie de France, auec Charles Roy de la grande Bretaigne, pour entretenir vne ferme alliance entre nos *Lys*, & les *Roses* d'Angleterre. Les ceremonies des espousailles se firent à Paris, où le Roy fit paraistre sa magnificence, cependant qu'il déployoit ailleurs sa puissance & sa valeur. En effet Soubise ayant fait quelques courses dans le païs de Medoc Monsieur de Thoiras receut ordre de sa Majesté de l'en chasser, comme il fit ; & le Mareschal de Themines fut enuoyé contre les rebelles du Languedoc, où ayant pris Boneil & fait le degast autour de Castres, cependant que le Duc d'Espernon le faisoit autour de Montauban, il fit auoüer aux factieux que c'est s'en prendre au ciel que de s'en prendre au thrône du plus grand Prince de la terre.

La ligue fut concluë apres contre les Genois, sur qui le Connestable de l'Esdiguieres prit Gauy & toutes les autres places, partie par force, partie par la foiblesse des Gouuerneurs. Le Pape preuoyant le danger de toute l'Italie dans celuy de Génes, enuoya le Cardinal Barberin son neueu en qualité de Legat vers le Roy Tres-Chrestien, & qu'il fut receu auec toutes sortes de ceremonies, il ne laissa pas de s'en aller vn peu mécontent, sur ce que le Conseil de sa Majesté reconnut qu'il auoit plus d'inclination pour l'Espagne que pour la France. Cependant les Castillans ayant fait vne irruption dans le Mont-ferrat, pour diuertir nos armes du siege de Génes, se camperent en suite deuant Verruë, où le Mareschal de Cresquy leur apprit, que les François ne sçauent pas moins se signaler à bien deffendre les places qu'à les attaquer vigoureusement. Le Roy ayant ainsi pacifié son Estat, le Mareschal de Bassompierre, dont l'esprit n'estoit pas moins propre pour les Negociations de la paix, que ſon bras pour les factions de la guerre, fut enuoyé comme Ambaſſadeur extraordinaire en Angleterre, où il fut reçeu auec des magnificences dignes de ſa perſonne auſſi bien que de ſa charge. D'ailleurs pour agir au dedans auſſi bien qu'au dehors, il ſe tint à Paris vne Aſſemblée de Notables, où furent faites diuerſes propoſitions pour le bien de l'Eſtat, & pour aller au deuant des malheurs qui le menaçoient.

L'an mil ſix cents vingt ſept ſembla funeſte à la France, non ſeulement par la mort de Madame, mais encor par la deſcente de Bukinkan dans l'Iſle de Rhé, qui ſans doute euſt fort incommodé ce Royaume, ſi Dieu n'euſt permis que les Anglois ne firent lors vn deſſein de conqueſter que pour faire de grandes pertes. En effet comme ils eurent aſſiegé le Fort S. Martin, Thoiras leur fit reconnoiſtre que ceux de leur pays ſemblent ſortis de leur element quand ils combattent en terre ferme ; neantmoins comme la neceſſité eſt capable de faire rendre les places les plus imprenables, le Fort fut rauitaillé par la vigilance du Roy, & auec des miracles plus veritablement qu'auec des exploits. Les Anglois furent deffaits en ſuitte par le Mareſchal de Schomberg, pere de cét autre Mareſchal, qui a fait voir en tant d'autres occaſions que la ſeule valeur d'vne Maiſon ſi Illuſtre peut triompher des deux plus puiſſantes nations que la France puiſſe choquer. Monſieur, ce digne Fils de HENRY LE

GRAND, & Frere de LOVIS LE IVSTE, fust apres bloquer la Rochelle, & donna commancement à ce chef-d'œuure, qui dans vne seule ville a coupé toutes les testes de la rebellion. Le Roy se rendit depuis en son camp pour former vn siege regulier, & fit bastir cette digue prodigieuse, qui nous a fait voir des murailles flotantes & des eauës petrifiées, pour ainsi dire, & qui a contraint la Grand'-Bretagne de confesser qu'il n'y a proprement que le Roy de France qui soit maistre de la mer, puis qu'il luy peut donner vn frein. Les Rochelois n'esperans pas d'eschapper où l'Occean estoit captif, & n'estans pas moins pressez de la faim au dedans que desarmez au dehors, se rendirent l'année suiuante, & trouuerent que la clemence du Roy n'estoit pas moindre que sa puissance.

D'autre costé le Prince de Condé abbatoit les partis qui se formoient dans le Languedoc aussi bien que dans la Guyenne, & témoignoit par ses actions que son courage & sa conduite ne l'interressoient pas moins pour la gloire de la Couronne, que l'Auguste Sang de Bourbon. Pamiers, Realmont, Sainct Seuer, Bressac, sont des monumens eternels de ses victoires, comme le Pousin, Mirabel & autres places, de la valeur du Duc de Montmorancy, qui apres vne vie si illustre meritoit, certes, vne mort moins ignominieuse. Cependant que le Roy déployoit ainsi sa generosité par soy mesme ou par la main de ses Lieutenans, la Reyne combattoit pour la France par ses prieres, & tesmoignoit par ses actions qu'elle n'auoit pas moins de soin de la personne du Prince, que du Diademe qu'elle portoit apres tant de testes couronnées dont elle est issuë. LOVYS LE IVSTE estant entré dans la Rochelle, & fait faire vne procession solemnelle jusques dans le centre de l'Heresie, s'en reuint à Paris, où il fut receu auec vn zele digne de sa Majesté aussi bien que de la Grandeur de cette fameuse ville, que Charle-quint appeloit vn monde entier. Et bien que les fatigues d'vne guerre si laborieuse eussent pû l'obliger à prendre vn peu de repos, il fit pourtant voir que les interests de ses alliés ne le touchoient pas moins que les siens, & qu'il sçauoit à mesme temps dompter les rebelles de ses Estats, & chastier les vsurpateurs des autres. Ainsi le Duc de Mantouë estant troublé dans la possession de sa Duché, sa Majesté se resolut de le proteger, & de faire en personne le voyage d'Italie, pour luy témoigner que la France luy peut enuoyer des liberateurs contre les Espagnols aussi bien qu'elle a fait autrefois contre les Lombards. Suiuant ce dessein, l'an 1629. le Roy partit de Paris pour trauerser les Alpes, en vne saison où la neige mettoit encor vn plus grand obstacle à son passage que la nature : mais il n'est rien difficile à vn Prince qui veut tout executer. Le Pas de Suze estforcé, Cazal secouru, les faux amis rangez au deuoir, les ennemis abbatus; Bref toute l'Italie ou secouruë ou effrayée.

Mais ce n'estoit pas vn champ assez estendu pour la gloire du Roy, il falloit encore vaincre dans la France; Priuas fut donc assiegé en suitte, & tout le Languedoc rangé à l'obeyssance auec cette ville partiale. Montauban se rendit bientost apres, & cette place qui auoit cousté tant de sang, ne cousta lors qu'vne abolition. La paix fut publiée en mesme temps entre la France & l'Angleterre, qui reconnust en cette occasion que ses habitans n'ont iamais gaigné aucun auantage sur nous qu'apres auoir trouué moyen de nous liguer les vns contre les autres. Là dessus l'Empereur ayant derechef armé contre le Duc de Mantouë en faueur de l'Espagnol, le Roy se resolut de le secourir pour la seconde fois, & de témoigner à toute l'Europe que comme ceux qui nous choquent ne sçauroient subsister, ceux que nous deffendons ne sçauroient perir. Le Duc de Sauoye ayant voulu trauerser ce dessein, se vid bientost dépoüillé de ses Estats, & aprit enfin qu'il ne faut rien refuser à vn Prince qui peut tout prendre, quand sa iustice permet à sa force d'agir de tout son pouuoir Pignerol fut donc enleué l'an 1630. aussi bien que Chambery pris: & le combat de Veillane ne montra pas moins le bon-heur des armes de LOVYS LE IVSTE, que la vaillance heroïque de Mont-morency. Cependant Cazal ayant esté assiegé pour la deuxiéme fois, vid bien que les

Eſpagnols n'auoient redoublé leur effort que pour redoubler leur perte, & Spinola qui ſe faiſoit appeller le Preneur des villes, ſe vid ſurpris en cette occaſion d'vne mort de deſeſpoir qu'il conçeut, pour n'auoir ſceu emporter vne place encore mieux deffenduë qu'elle n'eſtoit attaquée.

Ces proſperitez eſtoient trop grandes pour ne pas préſager quelque infortune à la France. Ainſi ſa Majeſté ſe vid accueillie à Lion d'vne maladie dangereuſe, qui eut ſans doute emporté ce grand Prince, ſi Dieu ne l'euſt encor donné aux prieres de la Reyne pour la production d'vn Dauphin digne de leurs Majeſtez ; Mais on peut dire ſur ce ſujet qu'on ne doit pas s'eſtonner de la conſtance auec laquelle il eſt mort, veu qu'il auoit déja vne fois appris à mourir, & qu'il aymoit plus ſa vie pour nous que pour ſa perſonne. Mais quoy que le Chef de l'Eſtat fut malade, ſes membres ne laiſſoient pas d'eſtre fort vigoureux. Les Mareſchaux de Schomberg, de la Force & de Marillac eſtoient ſur le poinct d'emporter par force la leuée d'vn ſiege que Monſieur Mazarin, depuis Cardinal & Miniſtre d'Eſtat de cette Couronne, leur fit accorder par vne voye amiable, non pas tant pour épargner le ſang des Eſpagnols pour qui il n'a iamais eu d'inclination, que pour faire éclater dauantage la gloire des armes des François, qui triomphent par leur veuë, de meſme que par leur eſpée. Cette armée ne vit pas ſeulement des effets de la vaillance du Roy, mais encor de sa Iustice : car le Duc de Vandosme fut élargi, ayant fait voir à sa Majesté qu'on auoit tasché de le rendre odieux, pour ce qu'il auoit trop d'affection pour son seruice. Ce Prince fut en suitte se signaler par des exploits glorieux dans les pays Estrangers, accompagné de ces deux ieunes Scipions, qui nous representent dans vne mesme maison des petits fils de HENRY LE GRAND, des Gastons de Foix, & des Emmanuels de Loraine.

L'an 1630. la paix d'Italie ayant esté concluë, nostre Cour vit quelques broüilleries pour certains mécontentemens de la Reyne mere, & de Monsieur, contre vn Ministre qui se preualoit d'vne trop grande authorité, ce qui les obligea de sortir de la France, plutost que de ceder à la faueur d'vn simple subjet. La Flandre leur seruit de retraite, & la Maison Royalle eut le regret de voir que l'industrie artificieuse eut mis de la diuision où la nature auoit establi vne vnion parfaite. Cependant le pouuoir excessif de la Maison d'Austrische ayant obligé le Roy de Suede de venir secourir les Allemagnes, à qui vn joug insupportable auoit fait perdre la liberté; La France fit alliance auec ce Conquerant, qui n'eut pas beaucoup de peine à manier le fer, estant secondé de la force de nostre argent. Mais comme ce Prince estoit Heretique & que sa Majesté Tres-Chrestienne ne vouloit pas ruïner l'Eglise, sous pretexte d'affoiblir ses ennemis, elle prit en sa protection tous les Catholiques d'Allemagne ; & nous pouuons dire que la guerre que nous continuons contre l'Espagnol ne vient que de l'oppression qu'il fit souffrir à vn Prelat que nous nous estions obligez de proteger ; Ie parle de l'Electeur de Treves, qui pour conseruer ses Estats nous consigna entre les mains la forteresse d'Hermanstein. Le Mareschal de la Force fut enuoyé pour les asseurer, & acheuer dans l'Allemagne les triomphes qu'il auoit commencés dans l'Italie. Treves fut pris en suitte par nos troupes, & le Roy de Suede ayant esté tué, LOVYS LE IVSTE s'estima obligé de ne pas laisser mourir la liberté Germanique au temps qu'elle ne faisoit que naistre. Sa Majesté fit pour ce sujet vn voyage à Mets, où il traitta auec le Duc de Lorraine, qui n'eut iamais esté malheureux s'il eut tousjours sceu garder vne bonne resolution. Quelque temps apres les Espagnols s'estans seruis d'vn de nos Princes pour ietter la reuolte dans le Languedoc, leur armée fut deffaite, & le Duc de Montmorency ayant esté pris combattant contre le Roy, perdit la teste apres auoir perdu la bataille. Monsieur s'aiusta en suitte auec sa Majesté, & le Mareschal de Schomberg ayant rendu vn seruice si important à cét Estat, trouua dans la paix la mort à Bordeaux, qu'il auoit cherchée parmy tous les perils de la guerre. Il est vray que ce Heros n'est pas tout à fait mort, viuant en

son

son fils qui represente son nom aussi bien que sa vaillance.

L'an mil six cens trente trois le President Seguier fut fait Garde des Seaux en la place du Marquis de Chasteau-neuf, & le Duc de Lorraine n'ayant pas obserué le traité fait auec le Roy, perdit Nancy, & depuis tous ses Estats. L'an suiuant Monsieur reuint en France, ayant trouué que l'element des Princes c'est la bonne grace du Souuerain, & que l'Espagnol ne l'auoit pas appellé pour le flater, mais pour le perdre. On eut nouuelle en suitte de la remise de Philisbourg entre les mains du Roy, & de la conqueste de tant d'autres places qui nous font voir dans la vie d'vn seul Conquerant les succez des armes de plusieurs Rois. L'année mil six cens trente cinq est remarquable par la guerre declarée à l'Espagnol, qui fut d'abord suiuie de la bataille d'Auein, où le Prince Thomas reconnut que c'est vouloir perir que de songer à gaigner des combats contre la France. Iusques-icy i'ay tasché de suiure l'ordre des temps, mais desormais ie ne les remarqueray point, les actions du Roy dont ie feray mention estans plus fraisches dans nostre memoire que dans nos liures. I'abregeray mesme quantité d'Illustres euenemens, pour ce que leur gloire se soustient assez d'elle-mesme, & que d'autres Princes faisant moins de choses qu'on n'en peut dire, nous en dirons tousjours moins que Louys n'en a peu faire.

Ses armes parurent victorieuses à mesme temps dans la Flandre, dans l'Alsace, dans la Lorraine, dans la Franche-Comté, & dans l'Italie, où les Princes se liguerent contre l'Espagnol, quoy que le temps fist voir apres qu'il ne faut qu'vn Roy Tres-Chrestien pour auoir l'honneur d'estre le Liberateur de l'Italie : Cependant le Duc de Parme estant venu à Paris reconnut bien que le Roy n'estoit pas moins magnifique dans la paix de son Estat, que formidable durant la guerre. On vit en suitte diuers exploits, tant dans la Bourgongne que dans la Duché de Milan, où le Duc de Sauoye se montra par sa valeur & par sa conduitte digne beau-frere d'vn Conquerant. Là dessus les Espagnols ayans fait vne irruption dans la Picardie, semblerent plutost y marquer leur tombeau que leurs logis. Corbie fut repris sur eux aussi bien que le Catelet & la Capelle, & le Comte de Soissons fit voir en cette occasion qu'il n'y a point de Generaux plus habiles que les Princes, quand l'enuie des fauoris ne les empesche point d'estre employez aux plus hautes executions. D'autre part le Duc de Veimar s'estant resolu de suiure le party de la France pour releuer celuy de Suede, & estant secondé du Vicomte de Turenne, qui tenant du Sang d'vn Souuerain, tient aussi de ses vertus & de son humeur, fit tant de belles choses que l'Allemagne sembloit vouloir rendre l'Empire à la France par la main d'vn Prince Allemand. Saverne fut d'abord emporté, & l'Alſace conquiſe à meſme temps que le Comte d'Harcourt arboroit ſes Palmes parmy des eſcueils, par la priſe des Iſles de S. Honorat & de Sainte Marguerite. Mais la Flandre ne vid pas moins de merueilles que la Prouence. Landrecy, Maubeuge, & le Cateau-Cambreſy contrepeſerent les degaſts que les Eſpagnols auoient faits en Picardie, comme la bataille de Leucate, où le Mareſchal de Schomberg fit éclater hautement ſa vaillance, nonobſtant l'obſcurité de la nuit, ne ferma pas ſeulement le paſſage aux Eſpagnols dans la France, mais nous donna l'ouuerture que nous auons depuis euë dans le Rouſſillon & la Catalogne. Le Mareſchal de Chaſtillon dont la prudence a touſjours ſecondé le courage, releua auſſi beaucoup la gloire de nos armes par la priſe de Damuiliers, comme le Duc de Longueuille par celle de Bleterans, où ce grand Prince témoigna comme il a fait depuis en beaucoup d'autres occaſions, que les fameux Comtes de Dunois viuent encore en ſa perſonne. Que diray-je des exploits du Duc de Veimar, qui à la iournée de Rhinfeld ſembla gagner pluſieurs batailles en vne, & qui prit quatre Generaux au poinct qu'ils croyoient l'auoir ſurpris? Ce miracle de vaillance ne fut qu'vn preſage de celuy qu'il fit depuis, en s'emparant de la meilleure clef de l'Empire, & ſemblant forcer dans Briſac toute la puiſſance des Auſtrichiens.

Mais il falloit que la paix nous donnaſt de ſes

fruicts aussi bien qu'vne iuste guerre. Ainsi la Reyne qui n'est veritablement mere que pour le bonheur de cét Estat, apres auoir long-temps suspendu nos esperances, contenta enfin nos desirs par la production de ce Prince, qui ne peut manquer d'estre Grand plus que tous les autres, estant petit-fils de HENRY LE GRAND, fils de LOVYS LE IVSTE, & D'ANNE D'AVSTRICHE: Bref estant éleué par les mains d'vne Regente, qui n'est pas moins considerable pour sa sagesse, sa pieté & ses autres perfections personnelles, que pour la grandeur de sa naissance. Cét heureux éuenement fut suiuy du combat naual que nos galeres gaignerent sur celles d'Espagne, de la prise de Hesdin, qui addoucit nostre perte de Thionuille, & de tant d'autres victoires qui ont esté plus aisées à gaigner qu'elles ne le sont à descrire. Mais le Roy ne songeoit pas tant à son bon-heur, qu'il ne jettast l'œil sur celuy de ses voisins. Il fit le voyage de Grenoble pour asseurer la Duchesse de Sauoye d'vne nouuelle protection, & les Catalans s'estans resolus de secoüer le joug de Castille, sa Majesté se resolut de leur faire voir qu'ils trouueroient autant de douceur sous la conduitte de la France, qu'ils auoient souffert de tyrannie sous la domination du Conseil d'Espagne.

Mais deuant que de voir nos conquestes en ce pays-là, regardons le Comte d'Harcourt en Italie, qui auec vne poignée de gens, force vne

puissante

puissante armée jusques dans les retranchemens, & prend Thurin sur ceux qui estoient sur le poinct de prendre Cazal. Considerons encore la prise d'Arras dans la Flandre, pour iuger que sous le regne du Roy les choses impossibles nous sont faisables. Parlerons nous du Portugal qui n'a trouué moyen d'auoir vn Souuerain que pource que le nostre a puissamment affoibly ses ennemis? Aussi auons nous veu ces magnifiques Ambassades qui ont vny deux Princes qui ne faisans presque qu'vn mesme sang, ne font aussi qu'vn interest. Ie ne fais point icy mention du siege d'Aire, pource que le combat de Sedan me fait douter s'il nous a esté plus auantageux par la deffaite d'vn party qui pouuoit broüiller l'Estat, que desaduantageux par la mort d'vn Prince qui n'auoit que de parfaites inclinations pour sa Majesté. I'adiousteray seulement que le Duc de Boüillon nous fit recueillir tous les fruicts de sa victoire, & qu'il fit reconnoistre à tout cét Estat qu'en seruant vn Amy il ne songeoit qu'à seruir le Roy. Mais si ce Prince parut genereux en cette occasion, LOVYS LE IVSTE ne le fut pas moins lors qu'il receut à bras ouuerts le Duc de Lorraine, apres en auoir receu tant de desplaisirs. Mais il est temps de finir le discours de sa vie, puis que ie voy qu'en poursuiuant ses victoires il s'auance vers sa mort. Bapaume est forcé, Monaco deliuré de la seruitude de la Toison, Cony rendu à son Duc, apres auoir esté pris par le Comte de Harcourt, Lamboy deffait par le Comte de Guebriant, qu'on peut appeller legitimement vn second Duc de Veimar : Barcelone remise entre les mains de sa Majesté, Colioubre enleué de force, Perpignan par famine, Salces par composition : Mais ces bon-heurs redoublez presagent quelques malheurs à la France. La mort de la Reyne Mere en fait le commencement, qui est bien-tost suiuie de celle d'vn homme qui estoit la cause de son exil, & qui ayant veu mourir quelques-vns de ses ennemis d'vne mort violente, mourut luy mesme d'vne maladie incurable. Quelque temps deuant son decés il auoit fait éloigner de la Cour Monsieur de Treuilles, pour ce qu'il n'auoit iamais voulu seruir que sa Majesté, mais la fin de sa vie le fut aussi de la disgrace de l'autre. Il est vray que son contentement ne dura pas fort long temps, ce bon Maistre qui aimoit ses Subjets auec tant de cordialité estant peu de temps apres tombé malade, & decedé en suitte de la mort des Iustes, cela veut dire auec vne pieté qui montroit qu'en regnant sur la terre il n'auoit iamais songé qu'à prendre vne Couronne dans le Ciel. Vn peu deuant son deceds voulant mettre les affaires de son Royaume entre les mains des personnes dignes des plus grands emplois, outre les Ministres qu'il nomma, il fit appeller d'Italie Monsieur le Telier, qui apres auoir hautement manié la qualité d'Intendant dans le Piémont, fut trouué digne de manier les secrets les plus importans du premier Estat du monde. Au reste la Reine suiuant sa generosité aussi bien que son affection, n'abandonna iamais son Espoux durãt le cours de son mal, & fut declarée Regente par la propre bouche de sa Majesté, qui reconnoissoit à la fin, qu'elle seule meritoit de partager & son cœur & sa puissance. On ne sçauroit representer ny la ferueur de la deuotion de ce Prince, qui ne mourut pas tant par vne fatalité ordinaire de la nature, que par vne election volontaire, ayant souffert la fin de sa vie auec la mesme resignation dont il en souffroit la suite. Il fit mille actes d'amour de Dieu, & de haine du peché. Il receut à bras ouuerts le Duc de Vendome, qui auoit esté si long temps éloigné de luy, & reconnut en fin que ce Prince tenant du sang de HENRY LE GRAND, representoit aussi toutes ses perfections. Enfin il expira le quatorsiéme de May de cette année mil six cens quarante trois, iour memorable, non seulement par le deceds de son pere, mais encor par la Triomphante Ascension du Roy des Rois, qui estoit vn présage fauorable pour vn Prince qui ne quittoit vne Monarchie terrestre que pour prendre possession de l'Empirée. Au reste Louys estant mort sans anxieté desira d'estre enseuely sans pompe, & bien que sa mort nous doine toucher sensiblement, nous deuons pourtant nous consoler sur ce qu'il nous est permis de dire tousjours VIVE LE ROY.

FIN.

www.ingramcontent.com/pod-product-compliance
Ingram Content Group UK Ltd.
Pitfield, Milton Keynes, MK11 3LW, UK
UKHW012113240726
13965UKWH00004B/1748

9 782013 089012